## Vorwort

**Un, deux, trois ...** enthält 6 Bausteine, die unabhängig voneinander im Anfangsunterricht Französisch eingesetzt werden können. Die einzelnen Bausteine sind als **Kopiervorlagen** konzipiert und sollen das selbständige Lernen der Schülerinnen und Schüler fördern. Sie können als Material zur Freiarbeit oder auch zur Partnerarbeit im herkömmlichen Unterricht verwendet werden. Durch handlungsorientierte und spielerische Übungen werden die Schülerinnen und Schüler mit unserem Nachbarland Frankreich und seiner Sprache vertraut gemacht.
Das leicht erschließbare Übungsmaterial soll sie zum Mitmachen motivieren und zum selbständigen Weitermachen anregen.

Dieses Heft enthält auch 5 Lieder, deren Melodie leicht nachzusingen ist.
Die Lieder „Salut, ça va?“ und „Au Café“ sind auf der Compact-Kassette zu **En chantant** zu hören (Klett-Nr.: 52311).
Die Lieder „Bonjour, monsieur“, „Un kilomètre à pied“ und „Un éléphant, ça trompe“ befinden sich auf der Compact-Kassette zu **Toi et moi,** Klasse 3 (Klett-Nr.: 52962).

## Inhaltsverzeichnis

*Schau dir das Bild an. Was fällt dir auf?*

# 1 La France

## 1. Teste dein Frankreichwissen

*Kreuze die richtige Antwort an.*

1. Wie heißt die Hauptstadt Frankreichs?
a) Paris b) London c) Strasbourg

2. Mit welchem Wort begrüßt man sich in Frankreich?
a) Hello b) Salut c) Ciao

3. Mit welcher Währung zahlt man in Frankreich?
a) Franc b) Lira c) Schilling

4. Welches Gericht kommt aus Frankreich?
a) Pizza b) Semmelknödel c) Crêpes

5. Was gehört zu einem französischen Essen unbedingt dazu?
a) Kartoffelbrei b) Schwarzbrot c) Baguette

6. Was ist „Eurodisney“?
a) ein französisches Comic-Heft b) ein Film von Walt Disney
c) ein Vergnügungspark in der Nähe von Paris

7. Welcher der folgenden Filmstars kommt aus Frankreich?
a) David Hasselhoff b) Gérard Depardieu c) Tom Cruise

8. Wer war Jules Verne?
a) ein französischer Schriftsteller b) ein Bildhauer c) ein Forscher

9. Welche Automarke kommt aus Frankreich?
a) Fiat b) Peugeot c) Honda

10. Wie heißt der höchste Berg Frankreichs?
a) Mont Blanc b) Matterhorn c) Zugspitze

11. An welchem Fluß liegt Paris?
a) Themse b) Loire c) Seine

12. Wann war die französische Revolution?
a) 1389 b) 1789 c) 1989

13. Wer war Napoléon?
a) der Glöckner von Notre-Dame b) der Sohn Ludwigs XIV
c) ein französischer Feldherr und Kaiser

# 1 La France

## Testauswertung

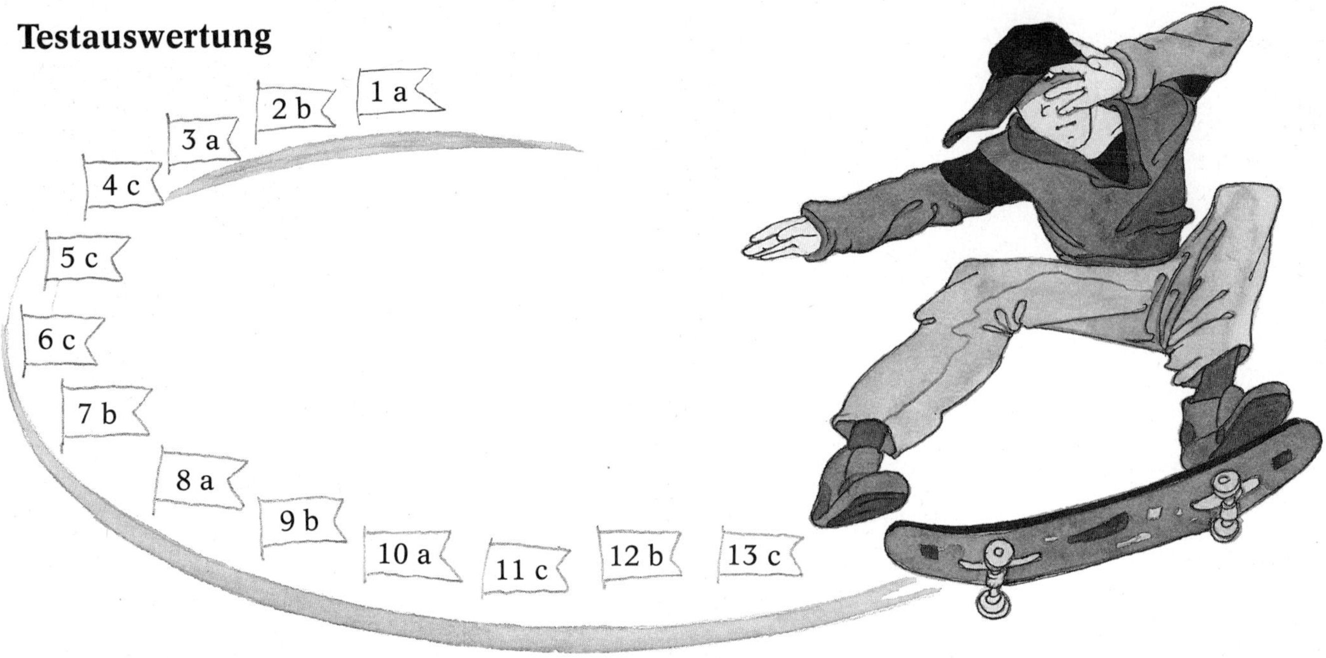

## 2. Projektvorschläge

Wart ihr selbst schon einmal in Frankreich oder kennt ihr Leute, die dort waren? Erzählt.

Überlegt euch, was ihr gern über Frankreich erfahren möchtet. Formuliert ein paar Fragen und macht in eurer Schule/Verwandtschaft eine Umfrage über Frankreich.

Geht zum Verkehrsverein und erkundigt euch nach der französischen Partnerstadt oder -gemeinde.

Schaut euch Tageszeitungen und Illustrierte an. Schneidet Artikel oder Bilder aus Frankreich aus. Macht dann in der Klasse eine Wandzeitung.

Könnt ihr französischsprachige Programme/Sendungen im Fernsehen oder Radio empfangen? Berichtet darüber.

Geht ins Reisebüro und fragt nach Reiseprospekten und Informationsmaterial über Frankreich.

Gestaltet in der Klasse eine Französisch-Ecke mit Produkten, Bildern, Fotos, usw. aus Frankreich.

Sammelt in eurer Umgebung alle Namen und Bezeichnungen, die französisch klingen. Gibt es in eurer Gegend Geschäfte/Kaufhäuser mit speziellen Produkten aus Frankreich?

## 3. Bilder und Länder

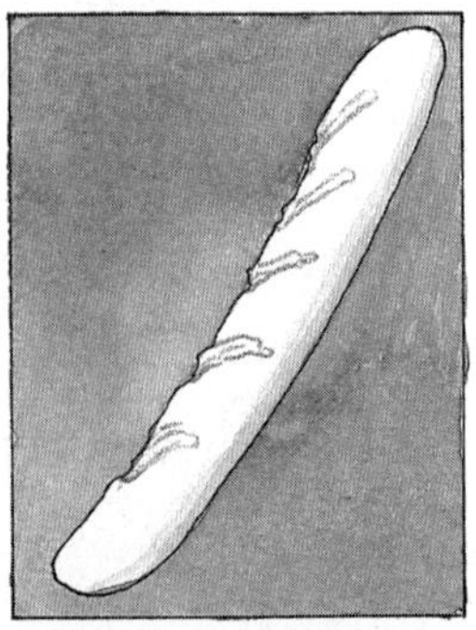

*Kreise die Bilder ein, die zu Frankreich passen. Welchen Ländern würdest du die übrigen Abbildungen zuordnen?*

## 4. En France

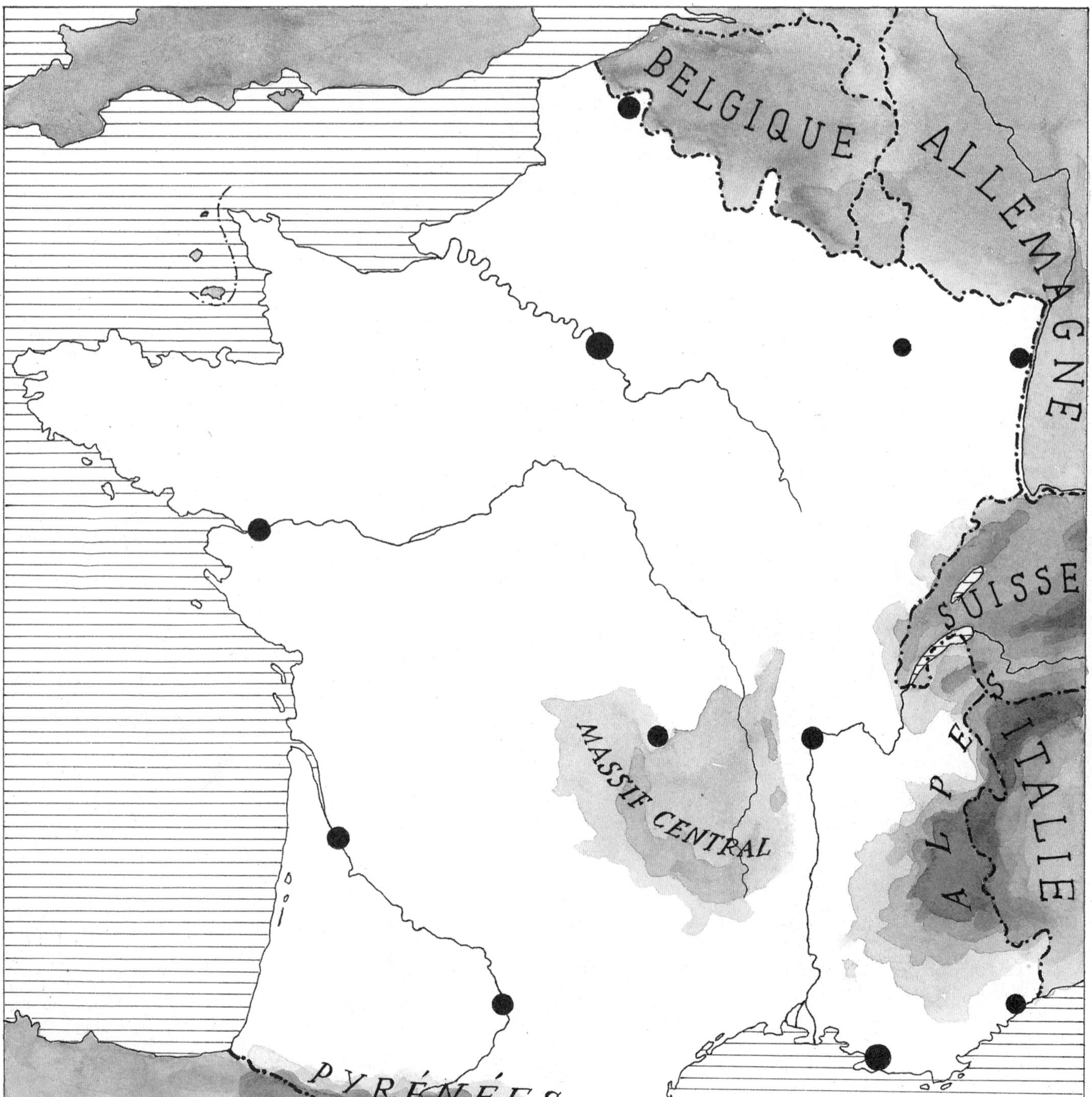


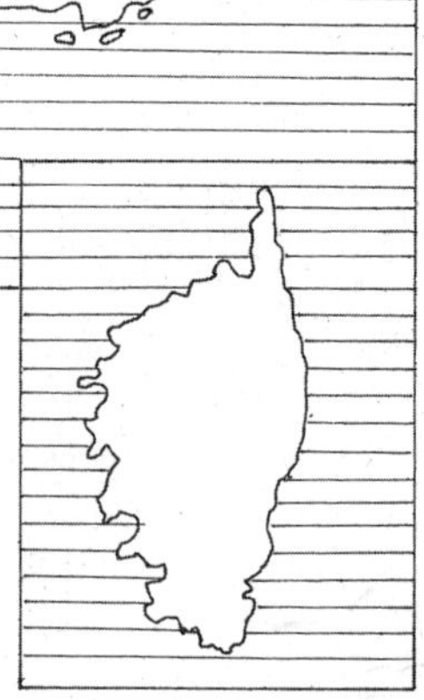

*Wie heißen die eingezeichneten Flüsse und Städte?*
*An welchen Meeren liegt Frankreich?*

*Schau dir eine Frankreichkarte an und trage dann die Namen ein.*

Klettbuch 52298 Un, deux, trois …

## 5. Le Tour de France

**SPIEL**

*Spielt zu zweit oder zu dritt. Würfelt der Reihe nach. Wer auf ein schraffiertes Feld kommt, muß eine der unten genannten Aufgaben lösen. Wenn er sie lösen kann, darf er zwei Felder vorrücken. Wenn nicht, muß er zwei Felder zurückgehen.*
*Gewonnen hat, wer mit seiner gewürfelten Augenzahl direkt auf „Arrivée" ankommt.*

**3** Nenne eine französische Zahl.

**5** In welcher französischen Stadt befindest du dich jetzt?

**8** Nenne 3 französische Produkte.

**11** Nenne einen französischen Pop- oder Filmstar.

**15** In welcher französischen Stadt befindest du dich jetzt?

**17** Welches Land grenzt hier an Frankreich an?

**18** In welchem Gebirge befindest du dich jetzt?

**22** Singe den Anfang eines französischen Liedes.

**23** Begrüße deine Spielpartner auf französisch.

**25** Auf welches Meer kannst du von deinem Standort aus blicken?

**28** In welchem Gebirge befindest du dich jetzt?

**31** Nenne eine französische Automarke.

**35** Sage mindestens 3 französische Wörter (außer Zahlen).

**36** Nenne 2 französische Vornamen.

**37** Welche Länder grenzen hier an Frankreich an?

# La France

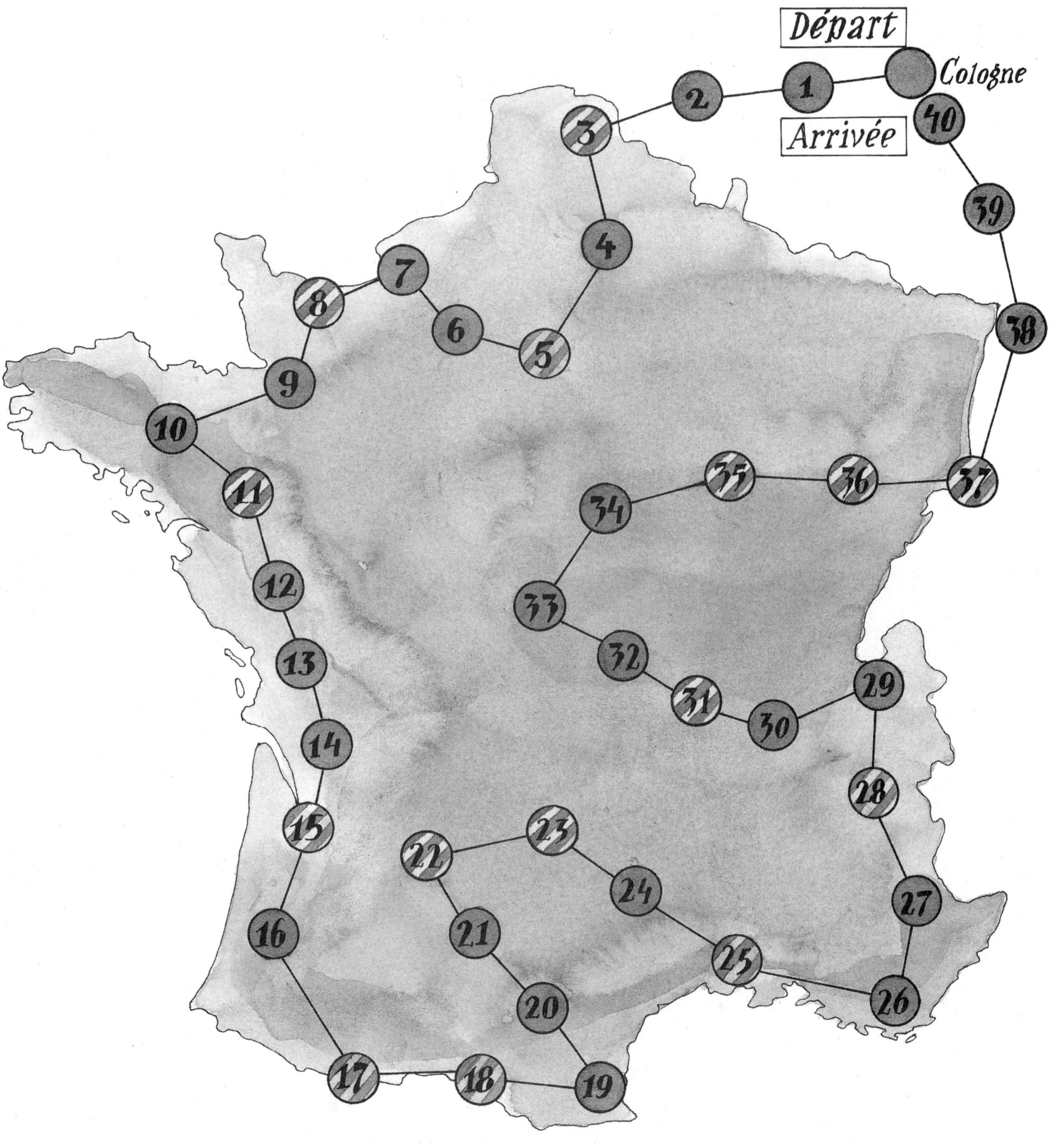
Départ
Cologne
Arrivée
1
2
3
4
5
6
7
8
9
10
11
12
13
14
15
16
17
18
19
20
21
22
23
24
25
26
27
28
29
30
31
32
33
34
35
36
37
38
39
40

# 2 Bonjour Salut Au revoir

## 1. Wie begrüßt man sich?

*Wann sagt man „Salut“ und wann „Bonjour“?*

## 2. Je m'appelle …

## 3. Toi et moi

## 4. Comment tu t'appelles?

## 5. Französische Vornamen

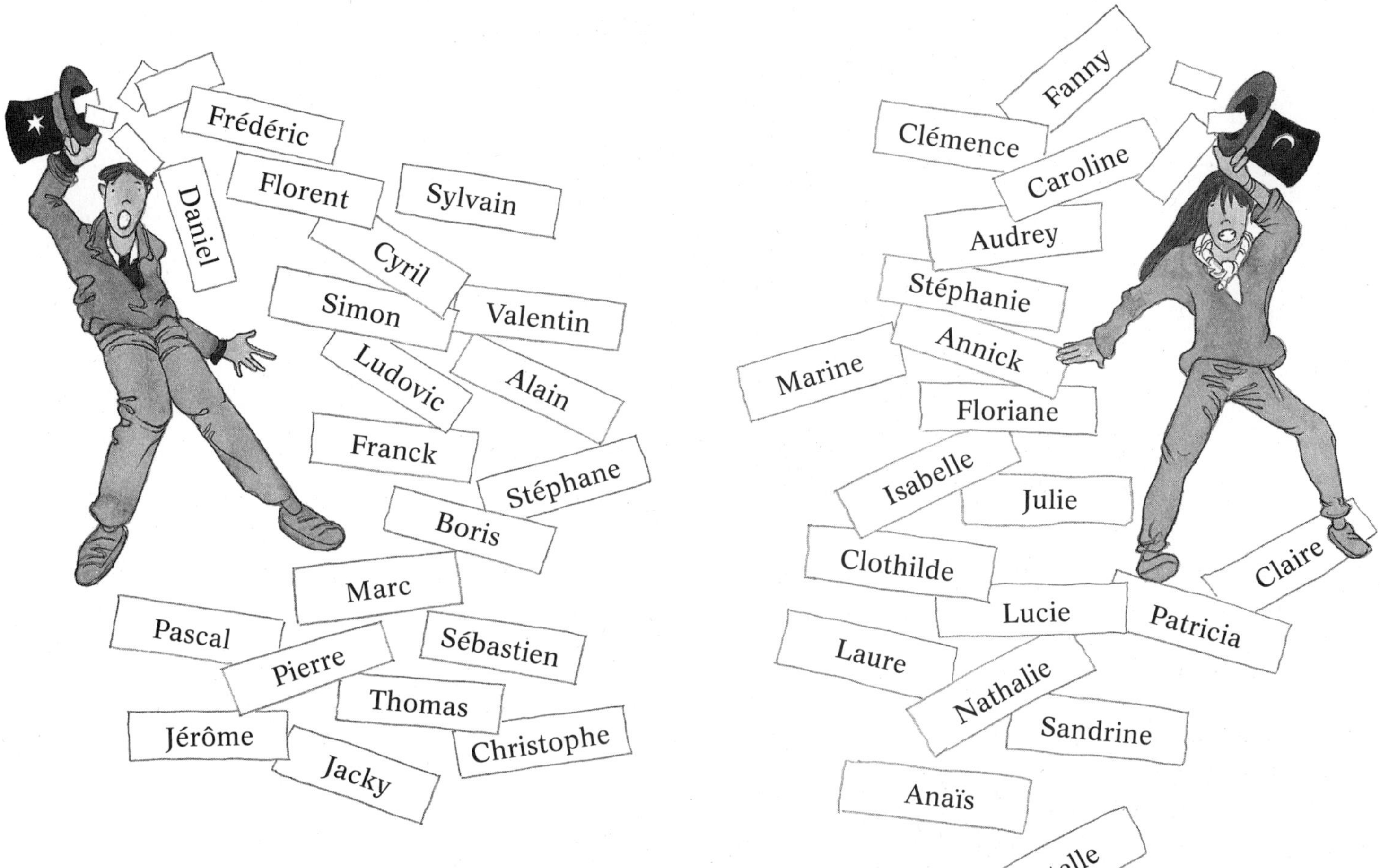


*Spielt in der Klasse. Schreibt die Namen auf Kärtchen. In einen Behälter kommen die Mädchennamen, in den anderen die Jungennamen. Zieht einen Namen, begrüßt euch und stellt euch mit euren „französischen“ Namen vor.*

## 6. Ça va?

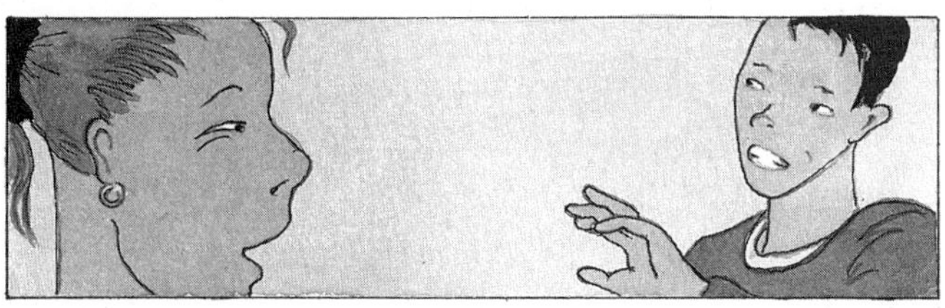

*Isabelle:* Salut, Marc!
*Marc:* Salut, Isabelle!
*Isabelle:* Ça va?
*Marc:* Oui, ça va. Merci.

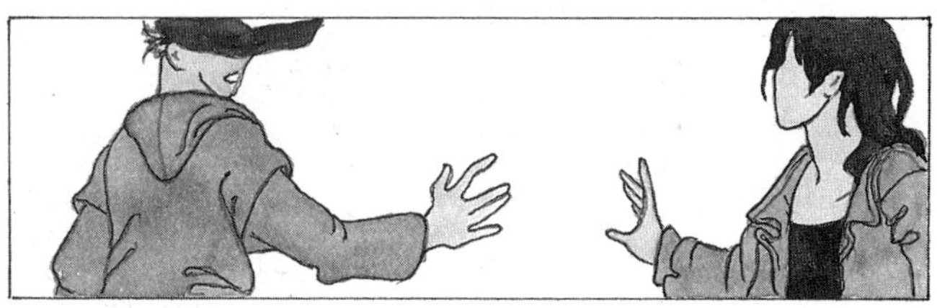

*Cyril:* Bonjour!
*Nathalie:* Salut!

*Cyril:* ____________?

*Nathalie:* Oui, ça va. Et toi, ____________?

*Cyril:* Oui, ____________. Merci!

*Spielt in der Klasse. Begrüßt euch mit euren französischen Namen. Fragt euch gegenseitig nach eurem Befinden.*

Klettbuch 52298 Un, deux, trois ...

## 7. Au revoir/Salut

- Au revoir, Julien!
- Salut, Marc!

- Salut, Floriane!
- Salut!

- Au revoir, madame.
- Au revoir, monsieur.

*Wann sagt man „Au revoir“ und wann „Salut“?*

## 8. Bonjour/Ça va? / Au revoir

*Ergänze.*

1. *Monsieur Boule:* B ____________, Alain!

   *Alain:* B ____________, monsieur. _____ _____?

   *Monsieur Boule:* Ç___v___, merci. Et toi?

   *Alain:* Ç___ _____, merci. Au r____________, monsieur!

   *Monsieur Boule:* _____ ____________!

2. *Séverine:* B ____________, David!

   *David:* S ________, Séverine! Ç___v___?

   *Séverine:* Oui, _____ _____. Au r____________, David!

   *David:* S________!

*Spielt die Szenen in der Klasse nach!*

## 9. Qui est-ce?

*Spielt in der Klasse. Eine Schülerin/Ein Schüler fragt zum Beispiel: „Pierre, qui est-ce?" Der Schüler, der als französischen Namen „Pierre" erhalten hat, meldet sich und gibt die Antwort. Dann darf er wiederum eine Frage stellen: „Clémence, qui est-ce?", usw.*

## 10. Oui, c'est … / Non, c'est …

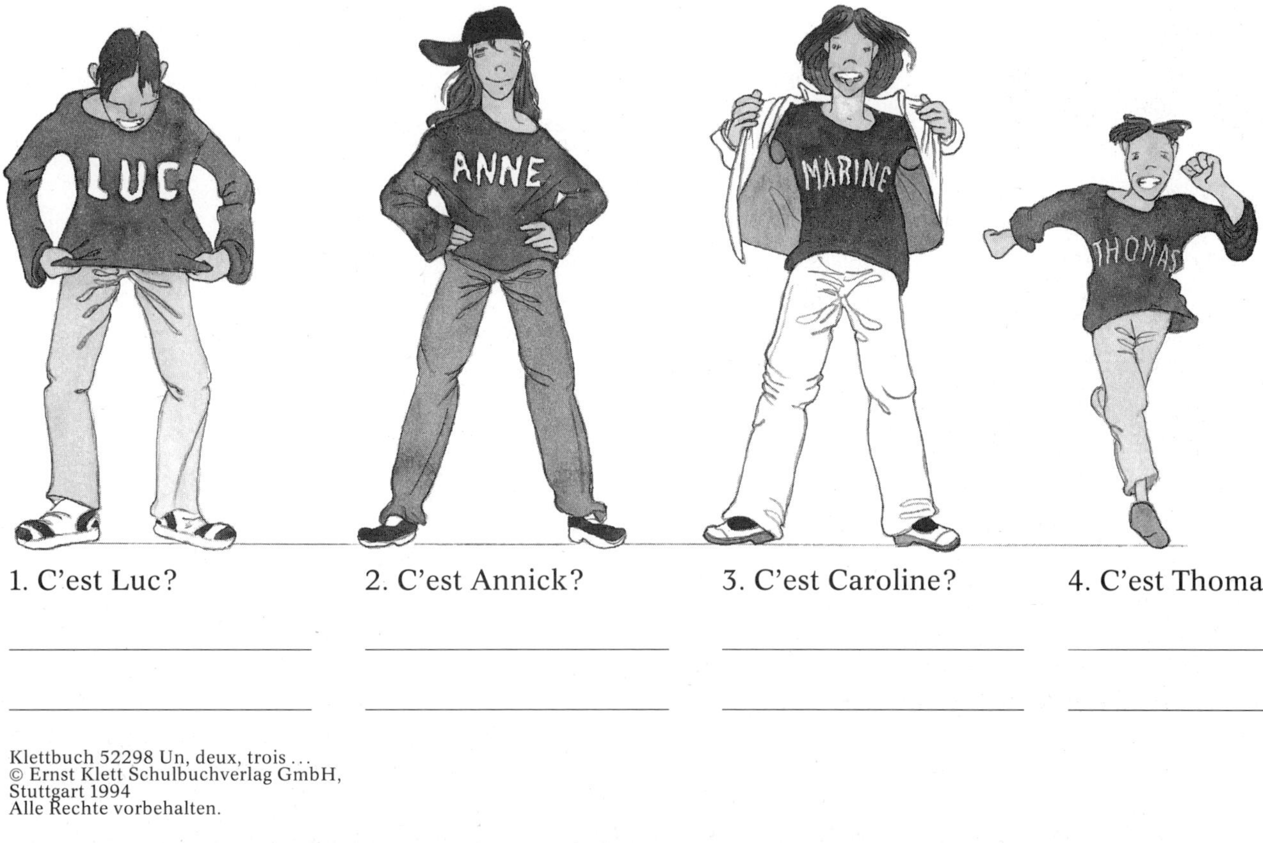


1. C'est Luc? ______________________ ______________________

2. C'est Annick? ______________________ ______________________

3. C'est Caroline? ______________________ ______________________

4. C'est Thomas? ______________________ ______________________

Klettbuch 52298 Un, deux, trois …

# 2  Bonjour Salut Au revoir

## Teste dein Französisch.

*a) Welche Wörter verstecken sich in den Weintrauben?*

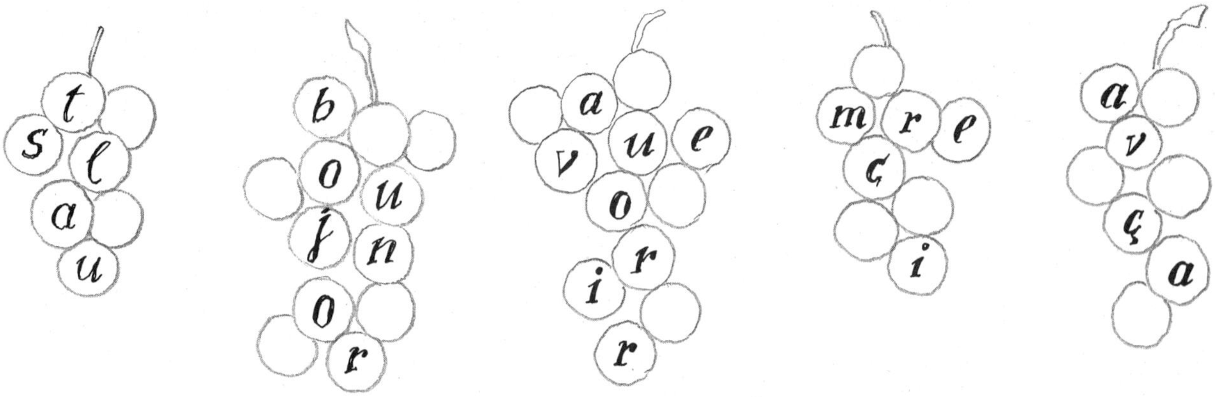


*b) Finde die richtige Reihenfolge.*

- C'est moi. 1. – ______
- Christine Lepetit, c'est toi? 2. – ______
- Et Eric Malval, qui est-ce? 3. – ______
- Non, moi, je m'appelle Patricia Joli. 4. – ______

*c) Wie verhältst du dich in folgenden Situationen:*

1. Du begegnest der Mutter deiner Freundin. *Was sagst du?* 1. ______
2. Deine neue Französischlehrerin möchte deinen Namen wissen. *Was antwortest du ihr?* 2. ______
3. *Wie verabschiedest du dich von Erwachsenen?* 3. ______
4. *Wie verabschiedest du dich von Jugendlichen?* 4. ______
5. Du fragst einen Freund nach seinem Befinden. *Was sagst du?* 5. ______
6. Er erkundigt sich auch nach deinem Befinden. *Du sagst, daß es dir gut geht.* 6. ______

# 2 Bonjour Salut Au revoir

## Salut, ça va?

Refrain *(2 x)* *(Christophe:)* – Salut, ça va?
*(Christine:)* – Oui, ça va, et toi?
*(Christophe:)* – Salut, ça va?
*(Marianne:)* – Oui, ça va, et toi?
*(Christophe:)* – Salut, ça va?
*(Christine et Marianne:)* – Oui, ça va bien, merci.

1. *(Christophe:)* – Bonjour maman, bonjour papa.
*(Le père:)* – Bonjour Christophe.
*(La mère:)* – Bonjour, ça va? } *(2 x)*

⟶ Refrain

2. *(Christophe:)* – Voilà Christine, voilà Marianne.
*(Christine et Marianne:)* – Bonjour monsieur, bonjour madame. } *(2 x)*

⟶ Refrain *(2 x)*

## Bonjour, monsieur

Merci. Merci, monsieur ...
Au revoir. Au revoir, monsieur ...

Klettbuch 52298 Un, deux, trois ...

**1. Ich zähle.**

*Sprich die Zahlen mehrmals von 1 – 12 und rückwärts von 12 – 1.*

## 2. Wie schreibt man die Zahlen?

*a) Ergänze.*

**u** _

**d** _ _ x

**t** _ _ _ s

**q** u _ _ _ e

**c** _ _ q

**s** _ x

**s** _ p _

**h** _ _ _

**n** _ _ _

**d** _ x

**o** _ z _

**d** _ _ z _

*b) Welche Zahlen fehlen? Trage sie ein und schreibe sie aus.*

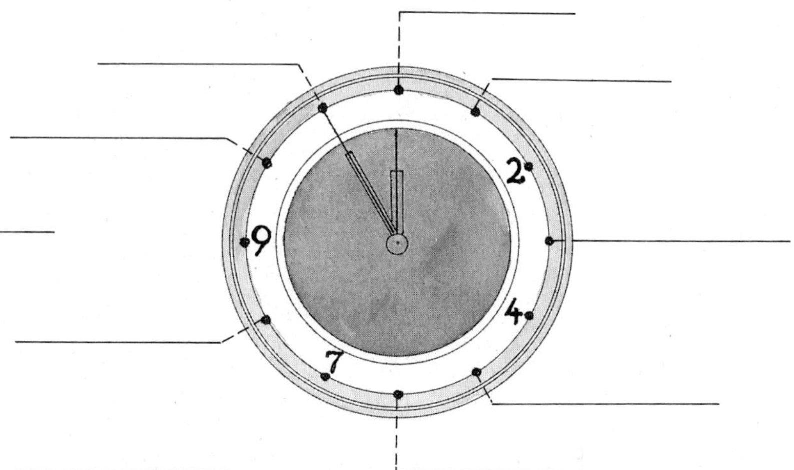

## 3. Beim Augenarzt

*Lies die Zahlen laut vor.*

## 4. Würfelspiele

*a) Welche Zahlen siehst du auf den Würfeln?*

a) 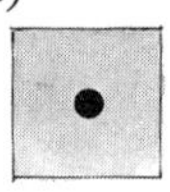

b) 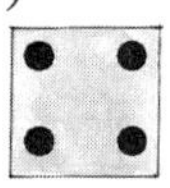

c) 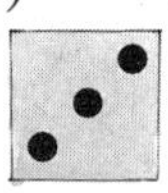

d) 

e) 

f) 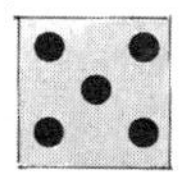

*b) Nenne die Gesamtsumme.*

a) 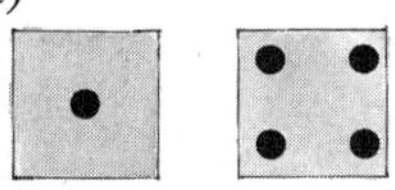

b) 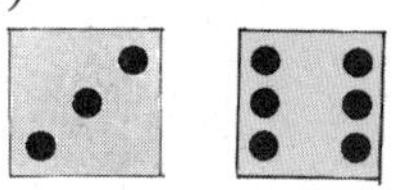

c) 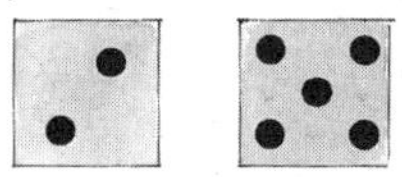

d) 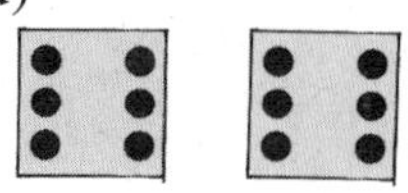

e) 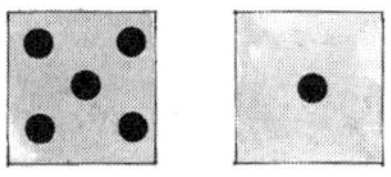

f) 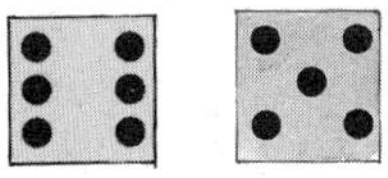

g) 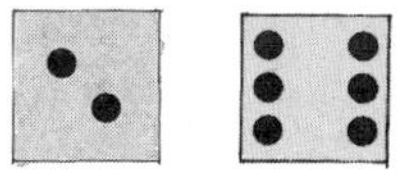

h) 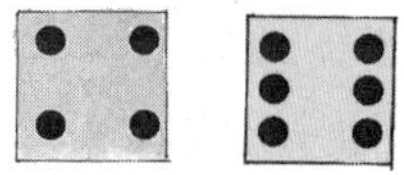

*c) Spielt zu zweit. Nehmt einen oder zwei Würfel. Eine Schülerin/ Ein Schüler würfelt verdeckt, die/der andere rät so lange, bis sie/er die Zahl gefunden hat.*

## 5. Suche die Zahlen.

*a) Suche die versteckten Zahlen und lies sie laut vor.*
*Die addierten Zahlen ergeben die angegebene Summe.*

*b) Suche die Zahlwörter und schreibe sie in die richtige Spalte.*

| | | | | | | | |
|---|---|---|---|---|---|---|---|
| i | t | r | o | i | s | u | o |
| n | r | i | n | c | i | n | q |
| d | o | u | z | e | x | m | u |
| e | a | s | e | p | t | d | a |
| u | t | i | x | h | u | i | t |
| x | e | s | e | t | i | x | r |
| b | n | e | u | f | t | z | e |

**waagerecht**

______________________
______________________
______________________
______________________
______________________
______________________

**senkrecht**

______________________
______________________
______________________
______________________
______________________
______________________

Klettbuch 52298 Un, deux, trois...

## 6. L'Arc de triomphe

SPIEL

*Spielt zunächst mit der ganzen Klasse, dann in kleineren Gruppen. Tragt in die Kästchen Zahlen von 1–12 ein. Die Spielleiterin/Der Spielleiter liest beliebige Zahlen vor. Kreuzt die entsprechende Zahl auf eurem Bogen an. Wer zuerst alle Zahlen angekreuzt hat, ruft laut „Arc de Triomphe" und hat gewonnen.*

## 7. Teste dein Wissen.

*Lies die Aufgaben auf französisch vor.*

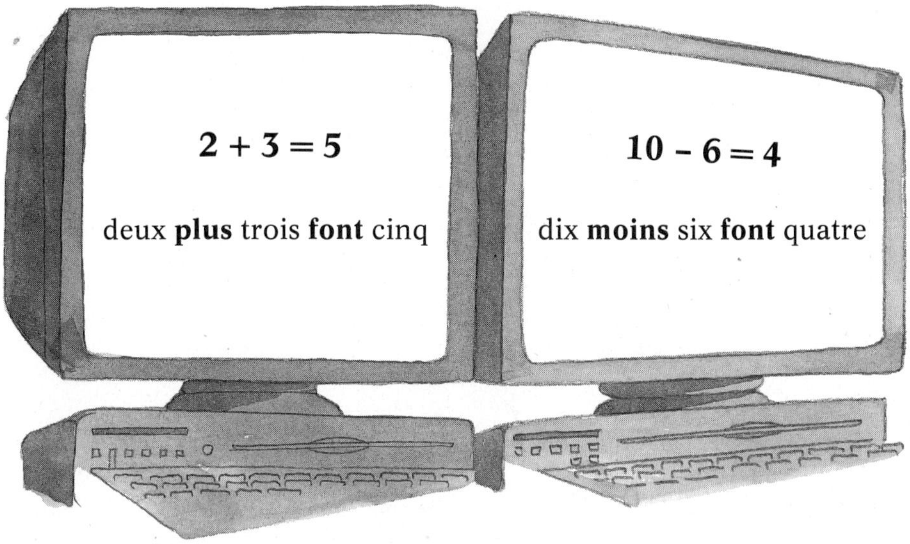


$1 + 4 = ?$
$2 + ? = 8$
$3 + 5 = ?$
$2 + 3 + 4 = ?$
$1 + 7 + 3 = ?$
$5 + 4 + ? = 12$
$2 + 6 + 3 = ?$
$4 + ? + 3 + 2 = 10$
$2 + 3 + 4 + ? = 12$

$9 - 7 = ?$
$10 - 3 = ?$
$8 - ? = 4$
$12 - 9 + 1 = ?$
$6 - 4 + 10 = ?$
$3 + ? - 4 = 2$
$1 + 8 - ? = 4$
$3 - 2 + 8 - 3 = ?$
$8 - 1 - 4 + ? = 12$

## 8. Le téléphone

*Spielt in der Klasse.*

**SPIEL A**

Jede Schülerin/Jeder Schüler nennt auf französisch ihre/seine Telefonnummer und schreibt sie an die Tafel. Dann wird eine der Nummern vorgelesen, und die betreffende Schülerin/der betreffende Schüler darf sie wegwischen.
Sie/Er liest die nächste Nummer vor, und so weiter ...

**SPIEL B**

Bildet eine Reihe. Die erste Schülerin/Der erste Schüler flüstert der zweiten/dem zweiten eine Telefonnummer ins Ohr, die/der zweite der/dem dritten, usw. Die/Der letzte in der Reihe schreibt die Nummer an die Tafel.
Ihr könnt das auch als Wettspiel austragen. Die ersten in der Reihe erhalten dann die Telefonnummer auf einem Zettel.
Gewonnen hat die Gruppe, die alle Zahlen richtig angeschrieben hat.

## Un kilomètre à pied

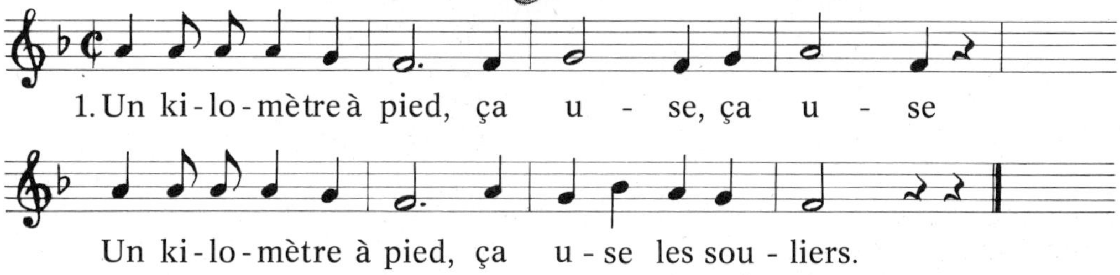


2. Deux kilomètres à pied, ...
3. Trois kilomètres à pied, ...
4. Quatre kilomètres à pied, ...

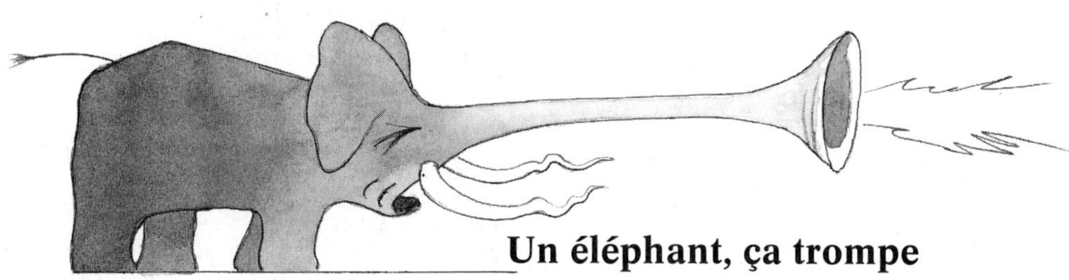

## Un éléphant, ça trompe

2. Deux éléphants, ...
3. Trois éléphants, ...
4. Quatre éléphants, ...

# 4 En classe

lundi 12 septembre
un, deux, trois....
une fenêtre
un tableau
une porte
une craie
un chiffon
un sac
un bureau
une serviette
une table
une chaise
une feuille
une gomme
un stylo
un crayon
une trousse
une règle
un livre
un cahier
un taille-crayon

# 4  En classe

## 1. Qu'est-ce que c'est?

| |
|---|
| – Qu'est-ce que c'est?<br>– C'est un…/C'est une… |

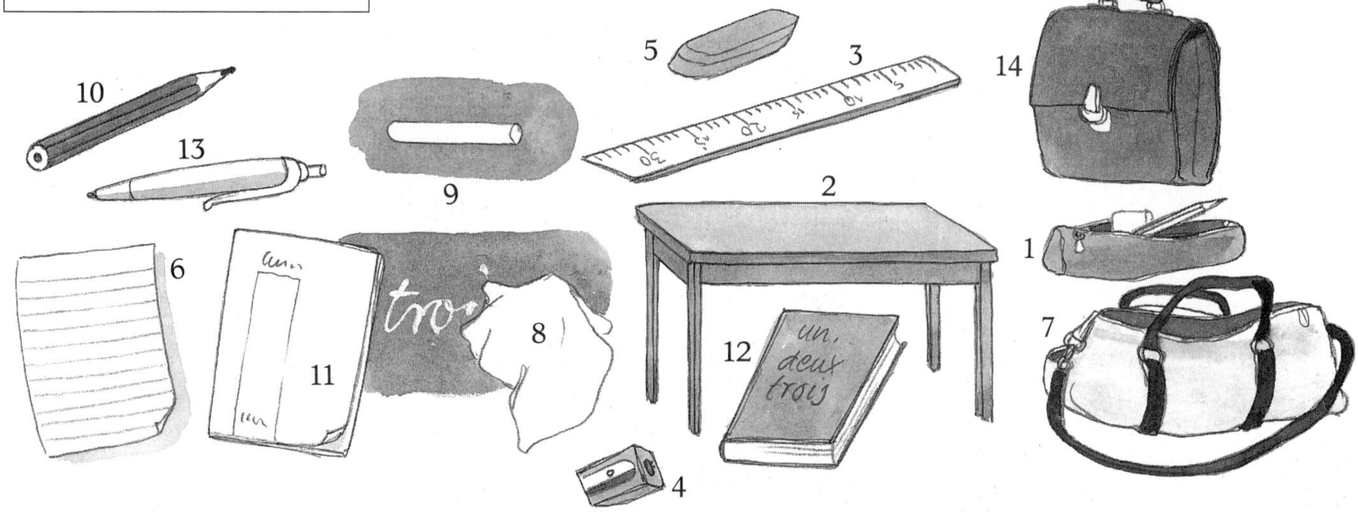

| | |
|---|---|
| | |
| | |
| | |
| | |
| | |
| | |
| | |

Klettbuch 52298 Un, deux, trois…

## 2. Der Artikel

Wie im Deutschen gibt es auch im Französischen bestimmte und unbestimmte Artikel. Die unbestimmten Artikel hast du gerade kennengelernt. Wie lauten Sie?

________ ________

Ebenso gibt es auch zwei bestimmte Artikel:

**le** und **la**.

Sie bezeichnen männliche und weibliche Nomen:

| |
|---|
| **le** = männlich<br>**la** = weiblich |

Leider stimmen deutsche und französische Artikel nicht immer überein:

**der** Tisch 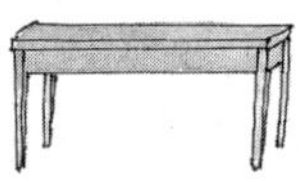 **la** table

**das** Fenster 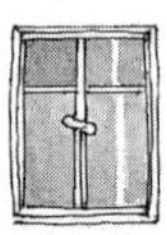 **la** fenêtre

**die** Tafel 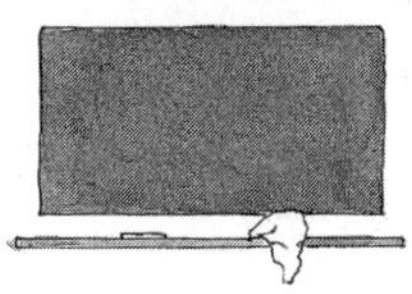 **le** tableau

Deshalb ist es sinnvoll, beim Lernen der Wörter den Artikel immer gleich mitzulernen.

Die Pluralbildung im Französischen ist einfach. Der bestimmte Artikel heißt immer

**les**

An das Nomen wird ein „s" drangehängt:

**les** tables
**les** stylos
**les** crayons

## 3. Voilà le.../la.../les...

1. ______________________

2. ______________________

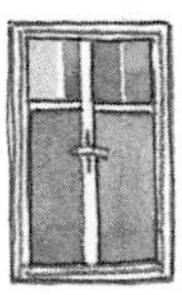
3. ______________________

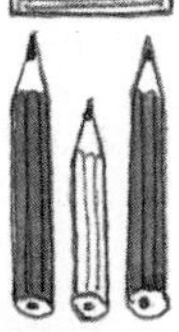
4. ______________________

5. ______________________

6. ______________________

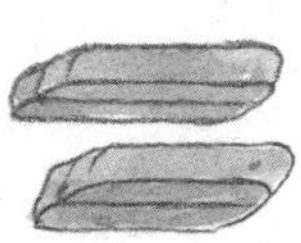
7. ______________________

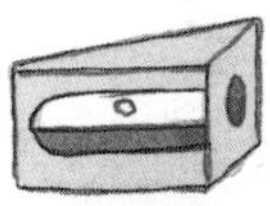
8. ______________________

9. ______________________

10. ______________________

11. ______________________

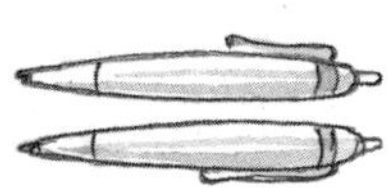
12. ______________________

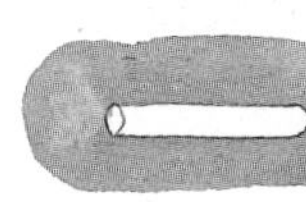
13. ______________________

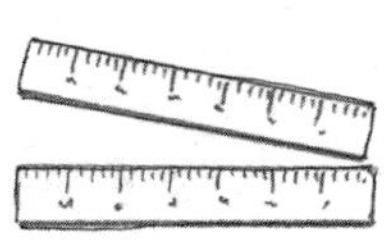
14. ______________________

*Spielt in der Klasse. Zeigt auf die Gegenstände und sagt den anderen, was ihr seht.*

## 4. Où est…?

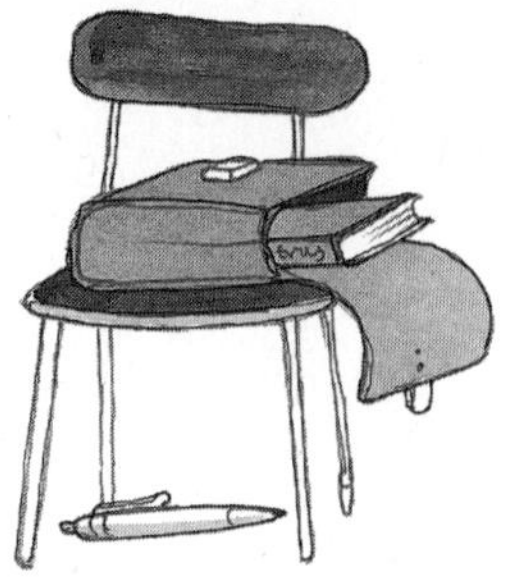

La serviette est **sur** la chaise.

Le stylo est **sous** la chaise.

Le livre est **dans** la serviette.

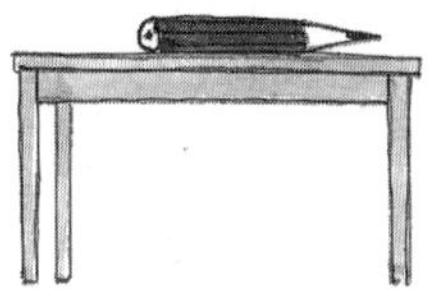

- Où est le crayon?
- Le crayon est sur la table.

1. ____________________________________________?
____________________________________________.

2. ____________________________________________?
____________________________________________.

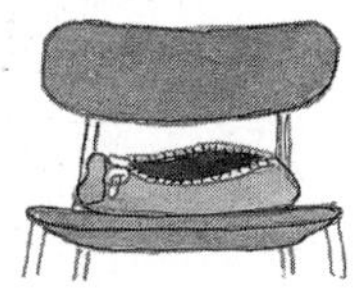

3. ____________________________________________?
____________________________________________.

4. ____________________________________________?
____________________________________________.

5. ____________________________________________?
____________________________________________.

Willst du nach mehreren Gegenständen fragen, so brauchst du nur das Verb „est“ durch „sont“ zu ersetzen:

- Où **sont** les stylos?
- Les stylos **sont** sur la table.

*Arbeitet zu zweit. Formt nun die Sätze in die Mehrzahl um. Eine Schülerin/Ein Schüler stellt die Fragen. Die/Der andere antwortet. Dann tauscht ihr die Rollen und wiederholt das Ganze.*

## 5. Teste dein Wissen.

*Wie heißen die Wörter richtig?*

1. nu lirev ______________
2. al glère ______________
3. el heirac ______________
4. la batel ______________
5. enu aichse ______________
6. nue ruostes ______________
7. nu rubaue ______________
8. uen mogem ______________
9. uen vetteresi ______________
10. eun trefêne ______________

## 6. Tu me passes…

Wenn du von deiner Nachbarin/deinem Nachbarn einen Gegenstand haben möchtest, so kannst du sagen:
**Tu me passes la règle/le cahier/les gommes/…, s'il te plaît?**

Deine Nachbarin/Dein Nachbar antwortet:
**Voilà la règle/le cahier/les gommes/…**

## 7. Quartettspiel

*Schneidet die Bilder auf der Seite 33 aus und stellt euch ein Quartett her.*

**SPIEL**

1. *Spielt zu zweit.*

   Jede Schülerin/Jeder Schüler erhält 10 Karten. Fragt abwechselnd:

   **– Tu me passes le/la ..., s'il te plaît?**

   Die Mitschülerin/Der Mitschüler antwortet:

   **– Voilà le/la ...**

   Wenn ihr 4 Karten mit der gleichen Zahl gesammelt habt, könnt ihr sie beiseite legen. Gewonnen hat, wer zuerst 3 Quartette hat.

2. *Spielt zu viert mit 2 Kartensätzen.*

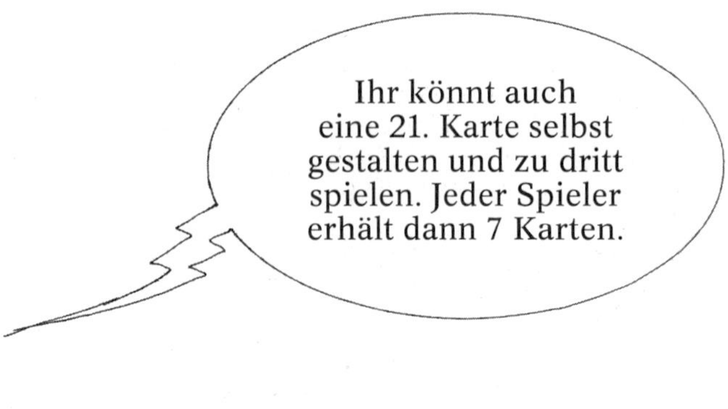

# 4 En classe

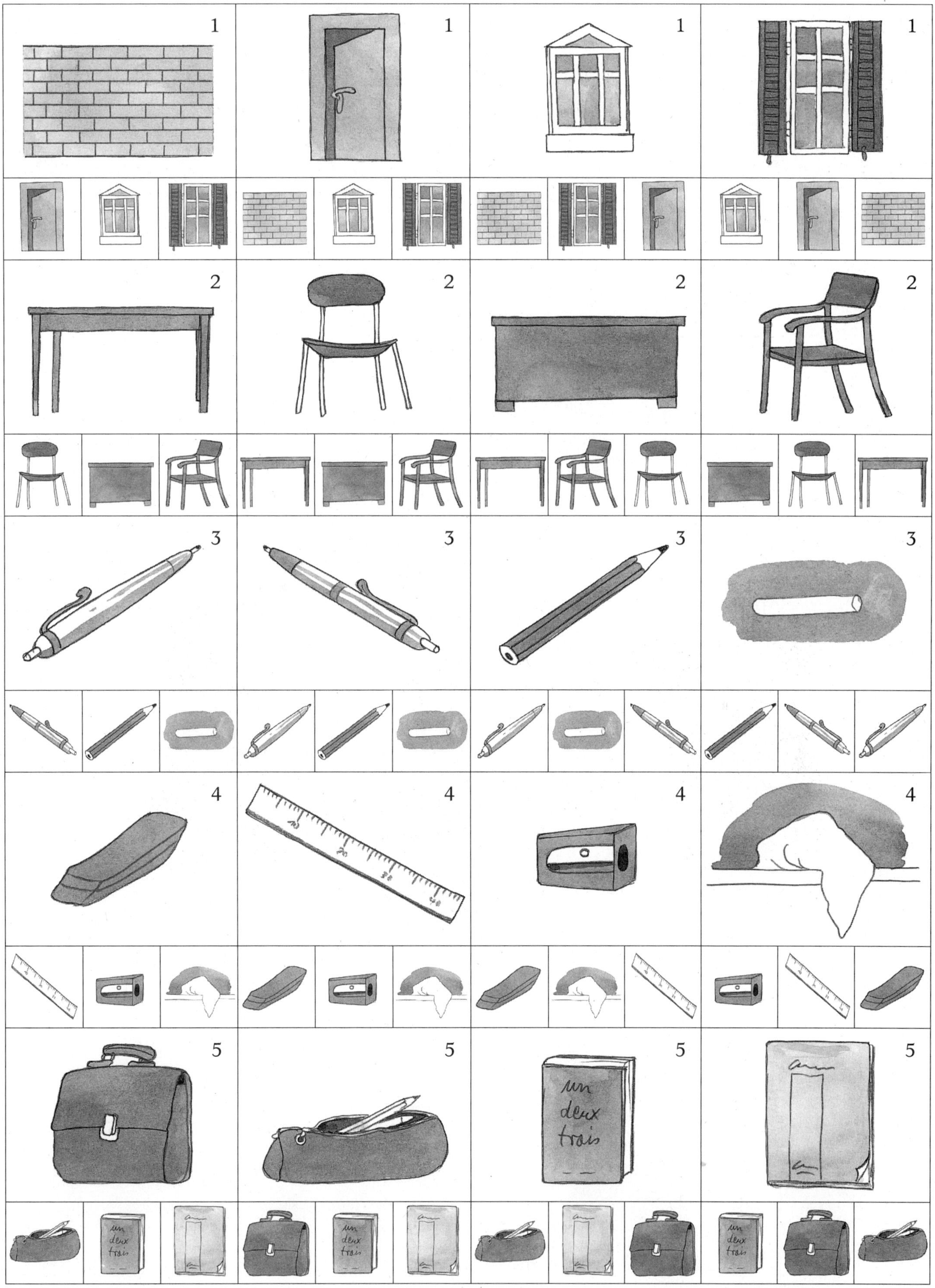


Klettbuch 52298 Un, deux, trois …

## 1. Tu as quel âge?

Klettbuch 52298 Un, deux, trois ...

## 2. Tu habites où?

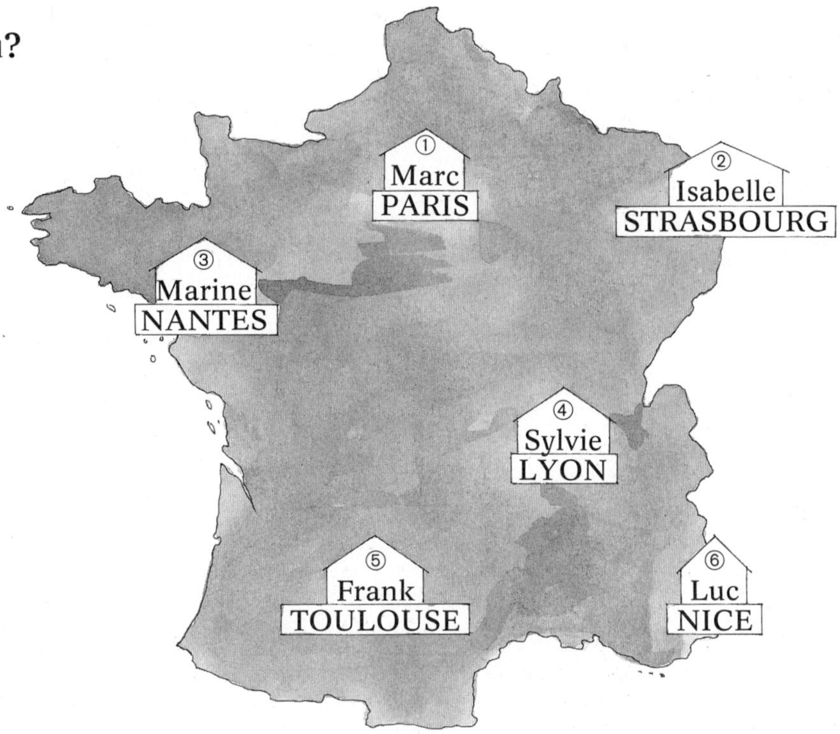


*a) Stelle die Fragen und gib die Antworten.*

| | |
|---|---|
| ① – Tu habites où, Marc? | – J'habite à Paris. |

② – ______________________________? – ______________________________.

③ – ______________________________? – ______________________________.

④ – ______________________________? – ______________________________.

⑤ – ______________________________? – ______________________________.

⑥ – ______________________________? – ______________________________.

*b) Antworte jetzt auf folgende Fragen.*

| | |
|---|---|
| – **Marc** habite à Paris? | – Oui, **il** habite à Paris. |
| – **Isabelle** habite à Nice? | – Non, **elle** habite à Strasbourg. |

– Marine habite à Lyon? – ______________________________.

– Luc habite à Strasbourg? – ______________________________.

– Frank habite à Toulouse? – ______________________________.

– Sylvie habite à Nantes? – ______________________________.

– Et toi? Tu habites où? – Moi, j'______________________________.

## 3. La famille

*a) Stéphanie stellt sich und ihre Familie vor. Schau dir Bild und Text an.*

*b) Erzähle von deiner Familie.*
*Zeichne sie oder klebe ein Foto ein.*

## 4. J'aime le sport.

a) Les sports.

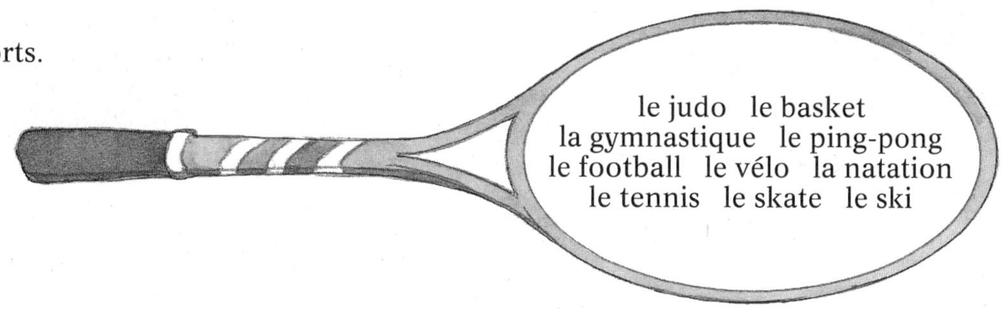


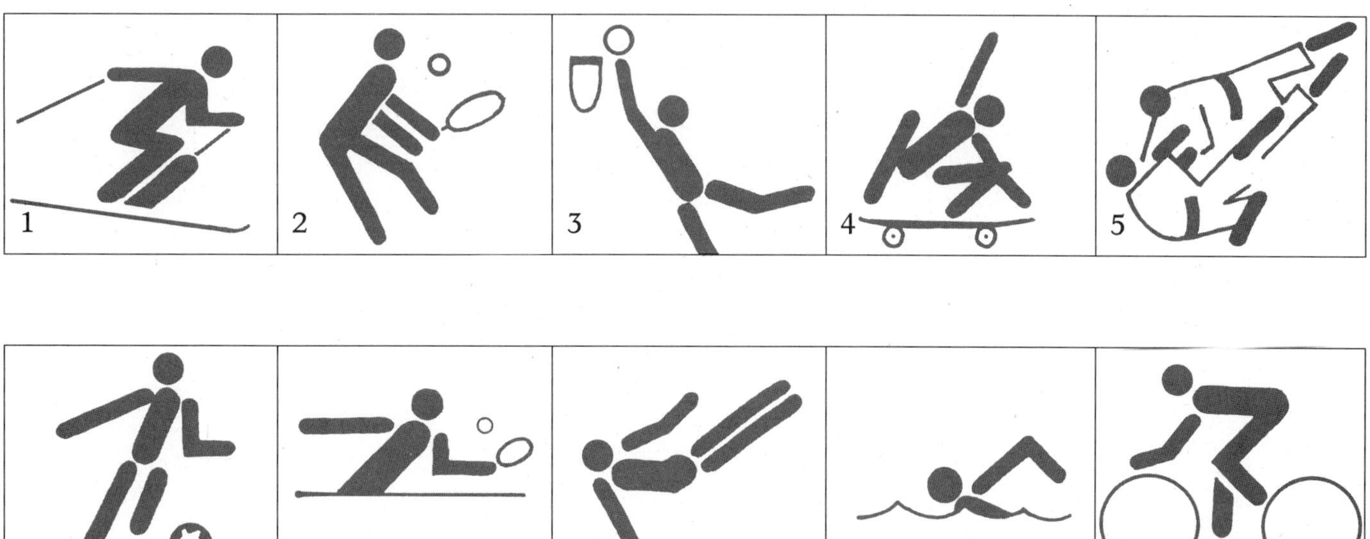


*Ordne die Begriffe den Piktogrammen zu.*

# 5 Les portraits

b) Il/Elle aime…

1. Sandra aime le ping-pong, mais elle n'aime pas le foot.

2. Marc ______________________________

______________________________.

3. Annick ______________________________

______________________________.

4. Nicolas ______________________________

______________________________.

5. Stéphanie ______________________________

______________________________.

c) Et toi?

*Erzähle, welche Sportarten du magst und welche nicht. Benutze dazu die Piktogramme.*

Moi, j'aime ______________________________

mais je n'aime pas ______________________________.

## 5. J'aime/Je n'aime pas...

*Gib deine Vorlieben und deine Abneigungen an. Kreuze die entsprechende Spalte an.*

| | J'aime | Je n'aime pas |
|---|---|---|
| le sport | | |
| la radio | | |
| la télévision | | |
| les films | | |
| le théâtre | | |
| la musique | | |
| la guitarre | | |
| le rock | | |
| les photos | | |

## 6. Qui a un animal?

① Boris a ______________________.

② Anne a ______________________.

③ Thomas a ______________________.

④ Floriane a ______________________.

⑤ Julie a ______________________.

⑥ Simon a ______________________.

Et toi?
Tu as un animal? ______________________.

## 7. Teste dein Wissen.

*a) Suche nach Sportarten.*

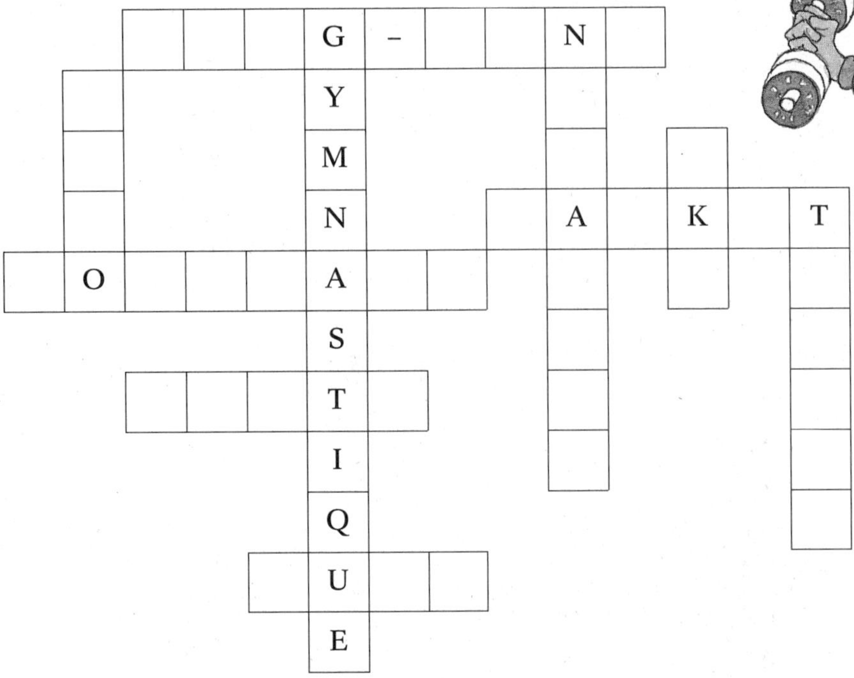

*b) Suche nach Tierbezeichnungen.*

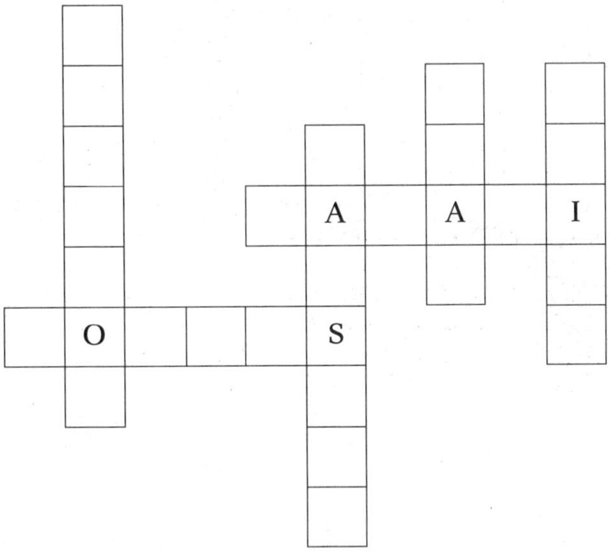


*c) Ordne die Antworten den Fragen zu.*

1 Tu aimes le sport?
2 Tu habites à Berlin?
3 Tu as un animal?
4 Tu as quel âge?
5 Tu as un frère?
6 Tu habites où?
7 Tu aimes la musique?
8 Comment tu t'appelles?

A Non, j'habite à Bonn.
B J'ai 14 ans.
C Je m'appelle Vanessa.
D J'habite à Marseille.
E Oui, j'ai un chien.
F Non, j'ai une sœur.
G Oui, j'aime le basket.
H Oui, j'aime le rock.

## 8. Ratespiele

*a) Nehmt ein Blatt Papier und fertigt euren Steckbrief an. Sammelt die Zettel ein und mischt sie.*

*b) Spielt in der Klasse.*

| SPIEL A | SPIEL B |
|---|---|
| Jede Schülerin/Jeder Schüler zieht einen Zettel und sagt 3 oder 4 Sätze dazu. Die anderen raten, wer damit gemeint ist. | Jede Schülerin/Jeder Schüler nimmt einen Zettel. Die anderen stellen ihr/ihm Fragen, bis sie erraten, wer damit gemeint ist. |

*c) Zum Schluß könnt ihr eure Steckbriefe in der Klasse aufhängen.*

Klettbuch 52298 Un, deux, trois ...

# 6 Boire et manger

## 1. On prend un verre?

*Anne:* On prend un verre?
*Mélanie:* Oui, d'accord. On va au café?
*Anne:* OK.

## 2. Tu as faim ou tu as soif?

*Anne:* Tu as faim?
*Mélanie:* Non, mais j'ai soif. Je prends un coca.
Et toi, qu'est-ce que tu prends?
*Anne:* Moi, j'ai soif et j'ai faim. Alors, je prends un coca et un hamburger.

## 3. Qu'est-ce que tu prends?

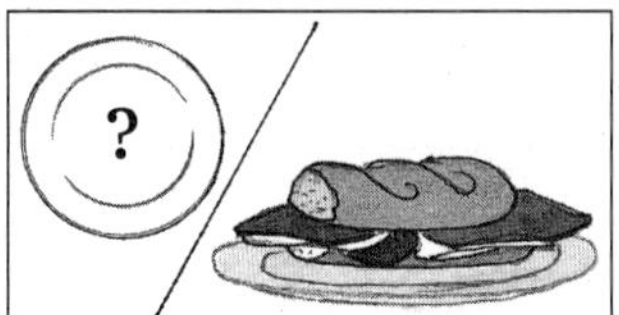
un sandwich

– Tu as faim?
– Oui, j'ai faim.
Je prends un sandwich.

un hamburger

– Tu as soif?
– Non, j'ai faim.
Je prends un hamburger.

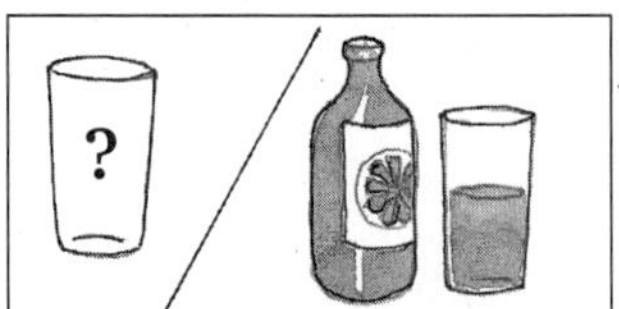
un jus d'orange

1. – ______________________________?
– ______________________________.
______________________________.

un café

2. – ______________________________?
– ______________________________.
______________________________.

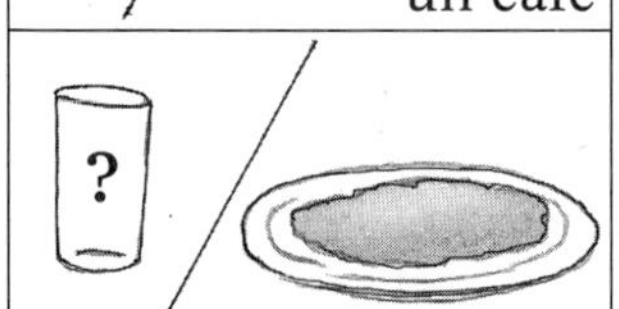
une omelette

3. – ______________________________?
– ______________________________.
______________________________.

un thé
un croissant

4. – ______________________________?
– ______________________________.
______________________________.

## 4. S'il vous plaît!

*Anne:* Garçon, s'il vous plaît!
*Le garçon:* Mademoiselle?
*Anne:* Un coca, un jus d'orange et un hamburger, s'il vous plaît.

## 5. C'est pour vous?

*Le garçon:* Le coca, c'est pour vous?
*Mélanie:* Oui, c'est pour moi.
*Le garçon:* Et le hamburger, c'est pour vous aussi?
*Anne:* Non, non, c'est pour moi!
*Le garçon:* Oh, pardon.

## 6. C'est pour toi?

- Le thé, c'est pour toi?
- Non, pour moi c'est le café.

Wenn du jemanden duzt, dann brauchst du nur die Frage „c'est pour toi?" statt „c'est pour vous?" zu stellen.

1.

2.

3.

4.

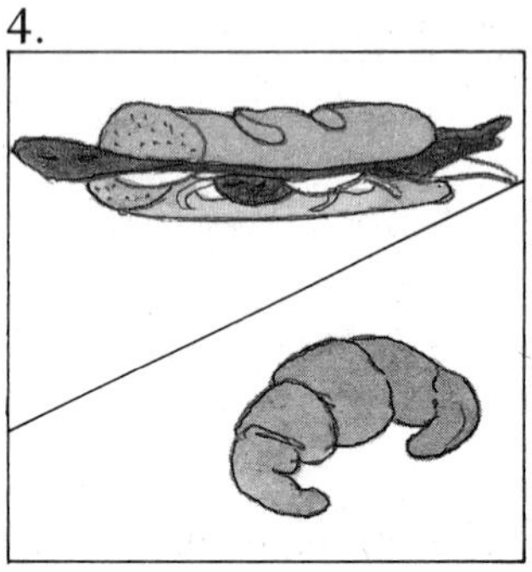

## 7. Ça fait combien?

– La bière, ça fait combien, s'il vous plaît?
~ La bière ... Ça fait 13 Francs.

*Jetzt seid ihr an der Reihe. Schaut euch die Karte an und gebt dem Kellner eine Bestellung auf.*

## 8. Versteckte Wörter

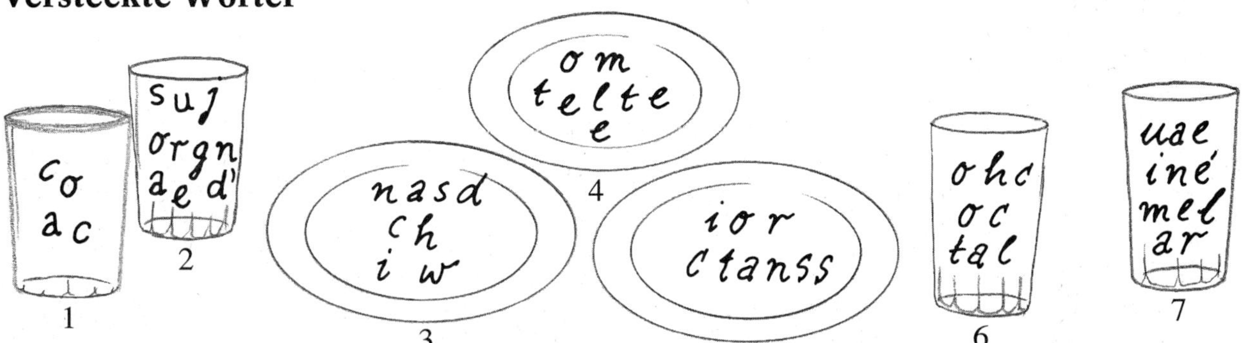


*Welche Speisen und Getränke sind in den Tellern und Gläsern versteckt?*

## 9. Getränke

*Tragt die Wörter ein. Ihr erhaltet das französische Wort für „Getränk".*

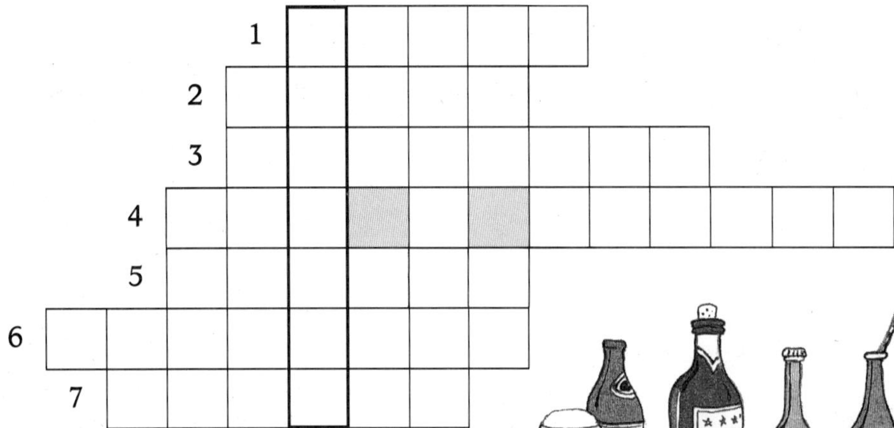

Une ___ ___ ___ ___ ___ ___ ___

## 10. Bilderrätsel

*Ihr erhaltet ein Getränk, das gern zum Jahreswechsel getrunken wird.*

3 = a ~~4 5 6 7 8~~

1. chocolat

~~1 2~~ 3 = m ~~5 6~~

2. crêpes

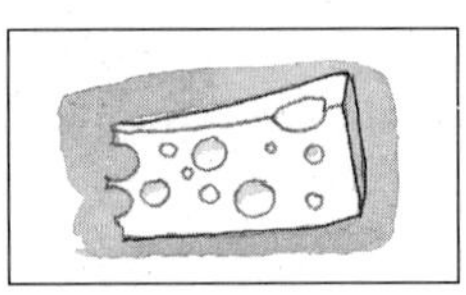

~~1 2 3 4~~ ~~7~~

3. fromage

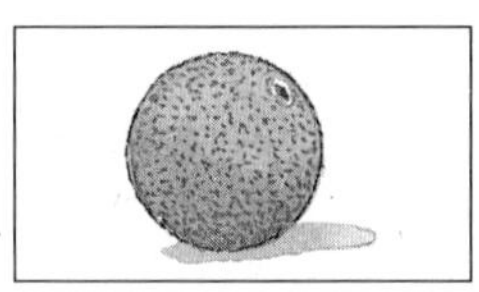

~~1 2 3~~ 5

4. orange

Le ___ ___ ___ ___ ___ ___ ___ ___ ___

## 11. Teste dein Wissen. SPIEL

*Spielt zu zweit oder zu dritt. Würfelt der Reihe nach. Wer auf ein numeriertes Feld kommt, muß eine Aufgabe lösen. Wenn es nicht gelingt, muß 3 Felder zurückgegangen werden. Gewonnen hat, wer mit seiner gewürfelten Augenzahl direkt auf „Arrivée“ ankommt.*

Départ

1 Du triffst deinen Freund auf der Straße und begrüßt ihn.

2 Dein Freund erkundigt sich, wie es dir geht.

3 Du fragst deinen Freund, ob er Hunger hat.

4 Du fragst deinen Freund, ob er Durst hat.

5 Du fragst deinen Freund, ob ihr etwas trinken wollt.

6 Du fragst deinen Freund, ob er ins Café gehen möchte.

7 Du rufst den Kellner.

8 Dein Freund sagt, daß er einen Kaffee nimmt.

9 Dein Freund fragt dich, ob du einen Kaffee nimmst.

10 Du sagst deinem Freund, daß du einen Tee nimmst.

11 Du bestellst beim Kellner einen Kaffee und einen Tee.

12 Der Kellner bringt die Getränke. Er fragt, für wen der Kaffee ist.

13 Dein Freund sagt, daß der Kaffee für ihn ist.

14 Der Kellner bringt dir den Tee und sagt: „Hier ist der Tee“

15 Du bedankst dich für den Tee und fragst, was der Tee kostet.

16 Der Kellner sagt, daß der Tee 12 Francs kostet.

17 Dein Freund fragt, was der Kaffee kostet.

18 Der Kellner sagt, daß der Kaffee 6 Francs kostet.

19 Du sagst dem Kellner auf Wiedersehen.

20 Du verabschiedest dich von deinem Freund.

Arrivée

## Au café

1. *(M. Durand)* – Garçon, s'il vous plaît!
   *(Le garçon)* – Oui, monsieur?
   *(M. Durand)* – Un porto pour ma femme,
   un coca pour ma fille.
   *(Yvette)* – Oh non, oh non, oh non!
   Le coca pour maman,
   et pour moi le porto! } *(2 x)*

2. *(M. Durand)* – Garçon, s'il vous plaît!
   *(Le garçon)* – Oui, monsieur?
   *(M. Durand)* – Un jus de fruits pour mon fils,
   et pour moi un pastis.
   *(Michel)* – Oh non, oh non, oh non!
   Le jus de fruits pour papa,
   et pour moi le pastis! } *(2 x)*

3. Et voilà le garçon,
   il apporte les boissons:
   un café pour monsieur
   et un thé pour madame,
   un cognac pour Michel,
   une limonade pour Yvette.
   Oh non, oh non, oh non!
   Il est rond ce garçon,
   il est rond ce garçon
   ...